Name: Klasse: Datum:

6.1 Grundlagen des Wirtschaftens und Merkmale von Wirtschaftsordnungen I

■ Bedürfnisse, Bedarf, Nachfrage

1. Es wird zwischen Bedürfnissen, Bedarf und Nachfrage unterschieden. Geben Sie jeweils eine kurze Erklärung dieser Begriffe.

Bedürfnisse sind ....

Bedarf ist ....

Nachfrage ist ....

2. Der Bedarf an Gütern ist je nach Lebenslage, verfügbarem Einkommen, Interessen usw. unterschiedlich ausgeprägt. Frau Läufer wohnt alleine und ist sehr sportlich. Herr Reuter ist Familienvater und politisch interessiert. Überlegen Sie jeweils, welcher Bedarf an Gütern besteht und tragen Sie Beispiele in die Zeichnung ein.

....

....

....

....

....

....

....

3. Wie müssen Betriebe, die Konsumgüter herstellen wollen, auf den unterschiedlichen Bedarf reagieren? Nennen Sie die zwei wichtigsten Punkte.

➡ ....

....

➡ ....

....

....

Name: Klasse: Datum:

6.1 Grundlagen des Wirtschaftens und Merkmale von Wirtschaftsordnungen II

Stellung von Betrieben im Wirtschaftsprozeß

1. Betriebe sind eng mit der Gesamtwirtschaft verflochten. Sie treten auf unterschiedlichen Märkten sowohl als Nachfrager als auch als Anbieter auf. Vervollständigen Sie die folgenden Sätze und nehmen Sie dazu die Übersicht auf S. 221 des Lehrbuchs zu Hilfe.

Der Betrieb ist

auf Gütermärkten .... z. B. von ....

auf Faktormärkten .... z. B. von ....

auf Absatzmärkten .... z. B. von ....

Marktwirtschaft und Planwirtschaft

2. Ordnen Sie die folgenden Aussagen zu Produktions- oder Konsumentscheidungen der jeweiligen Wirtschaftsordnung zu. Unterscheiden Sie zwischen Marktwirtschaft (MW) und Planwirtschaft (PW). Geben Sie außerdem jeweils eine kurze Begründung für Ihre Entscheidung.

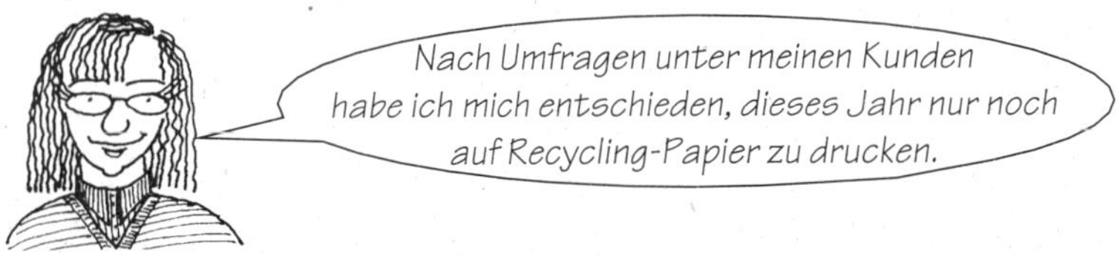

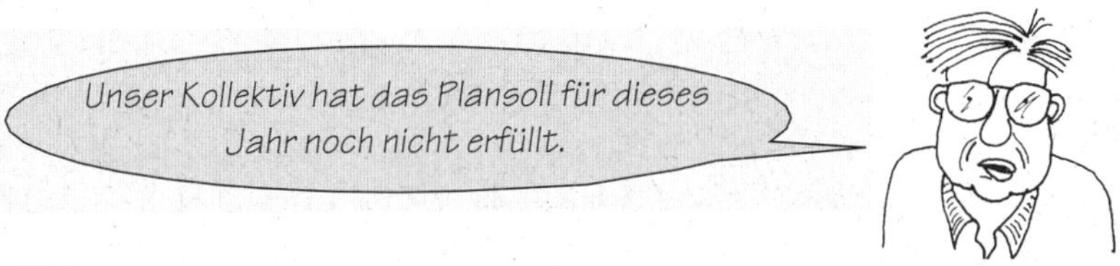

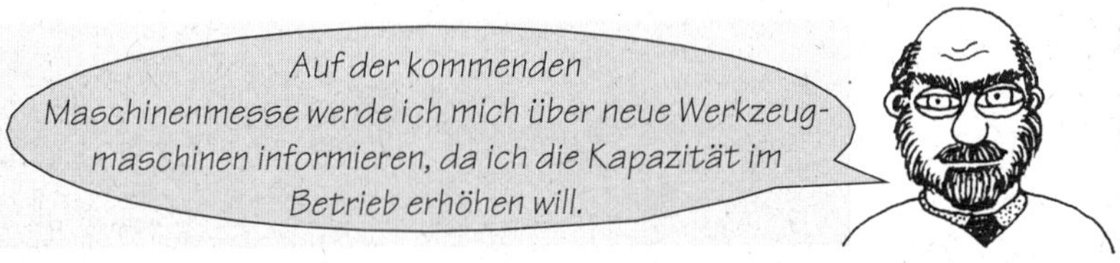

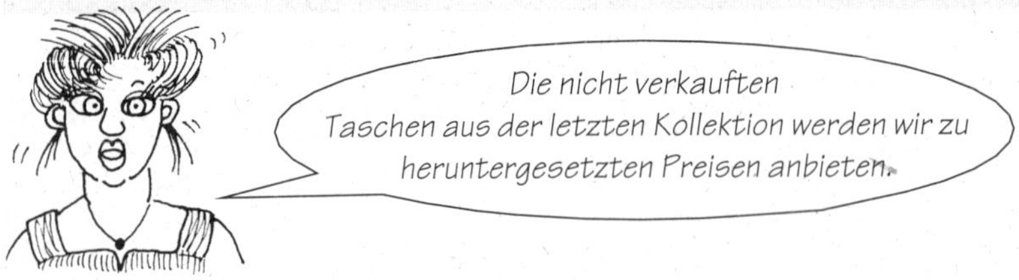

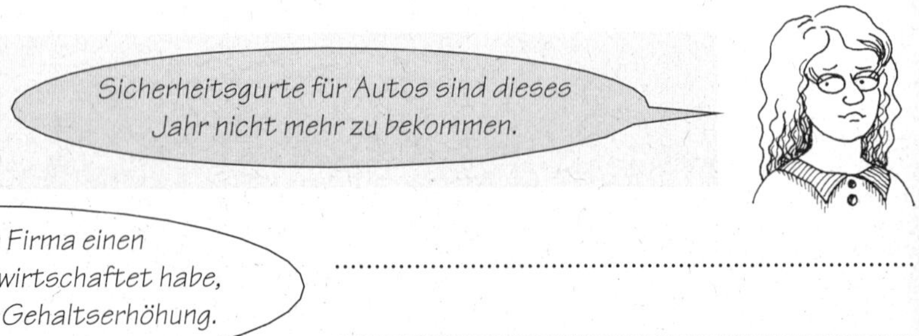

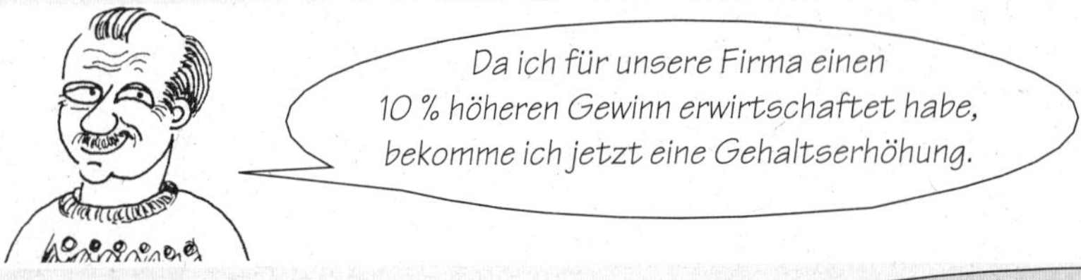

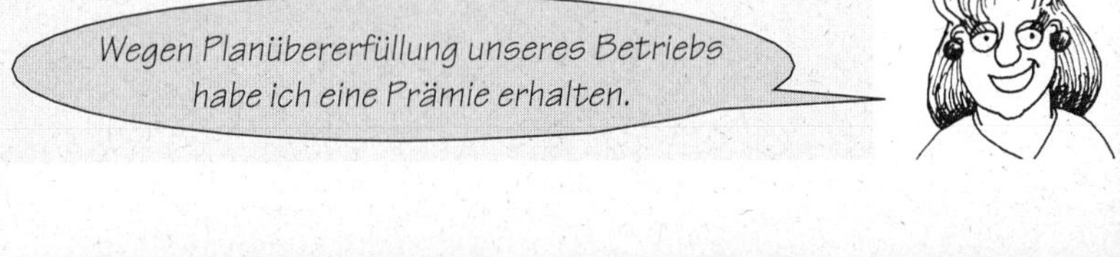

Name: Klasse: Datum:

6.2 Sozialistische Planwirtschaft am Beispiel DDR

■ Merkmale der Planwirtschaft

1. Beurteilen Sie mit Hilfe der Grafik auf S. 223 des Lehrbuchs, welche der folgenden Aussagen über die Planwirtschaft zutreffen. Kreuzen Sie die zutreffenden Aussagen an.

Alle wesentlichen Wirtschaftsbereiche befinden sich in Staatseigentum. ☐

Zentrale Kontrollinstanz für den wirtschaftlichen Erfolg ist der Staat. ☐

Die Preise richten sich nach der Nachfrage nach einem Produkt. ☐

Die Planwirtschaft wird weitgehend über den Markt gesteuert. ☐

Die Produktion und Verteilung der Güter werden zentral geplant. ☐

2. Benennen Sie die beiden Hauptmerkmale der Planwirtschaft.

Planwirtschaft → ....

→ ....

■ Probleme der Planwirtschaft

3. Welche Probleme wirft eine genaue Planung für einen längeren Zeitraum auf? Nennen Sie drei Stichworte.

....

....

....

....

....

4. Viele DDR-Bürger hatten – gemessen an ihrem Einkommen – große Sparguthaben. Was brachte sie dazu, das Geld zu sparen?

....

....

....

5. Lesen Sie in der Randspalte des Lehrbuchs auf S. 223 die Probleme, die die Traktoristin Lydia anspricht. Was sind die beiden Probleme?

....

....

Diskutieren Sie, ob ähnliche Fälle in Ihrem Ausbildungsbetrieb auch denkbar sind und wie man Abhilfe schaffen könnte.

6.3 Die soziale Marktwirtschaft I

Geschichtliche Hintergründe der sozialen Marktwirtschaft

1. Die Nachkriegsjahre waren in Deutschland von großer Not geprägt. Mit welchen wirtschaftlichen Maßnahmen versuchte man, die Not zu lindern?

2. Durch welche Maßnahmen wollte der Wirtschaftspolitiker Ludwig Erhard die Wirtschaft aufbauen?

Menschenbild und Prinzipien der sozialen Marktwirtschaft

3. Welche zwei Prinzipien sollten die Ausrichtung der neuen Marktwirtschaft bestimmen? Ergänzen Sie die Übersicht.

Soziale Marktwirtschaft ⇒ ……

⇒ ……

4. Sind die folgenden Aussagen mit den Prinzipien der sozialen Marktwirtschaft in Einklang zu bringen? Geben Sie eine kurze Begründung.

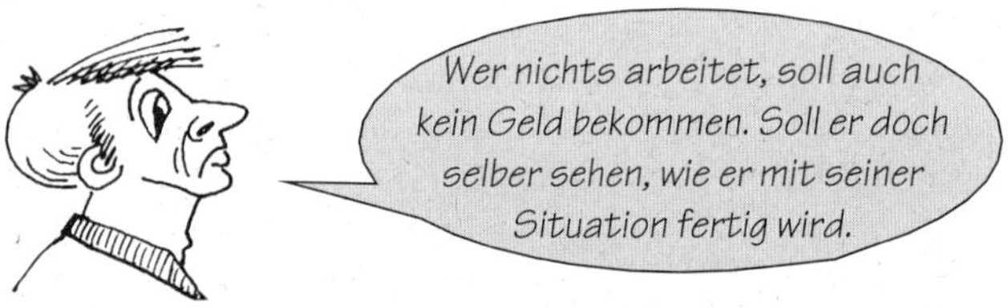

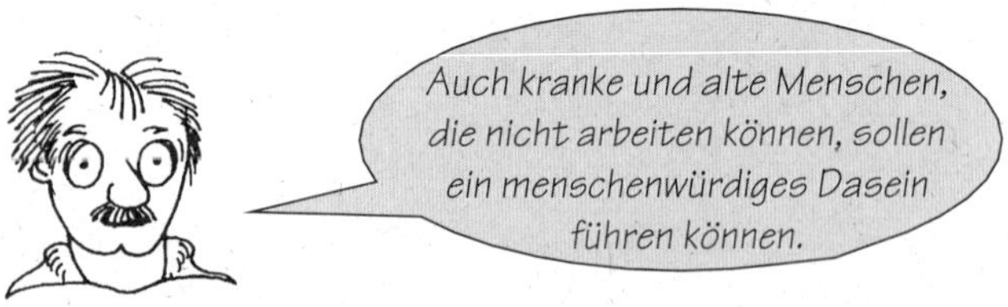

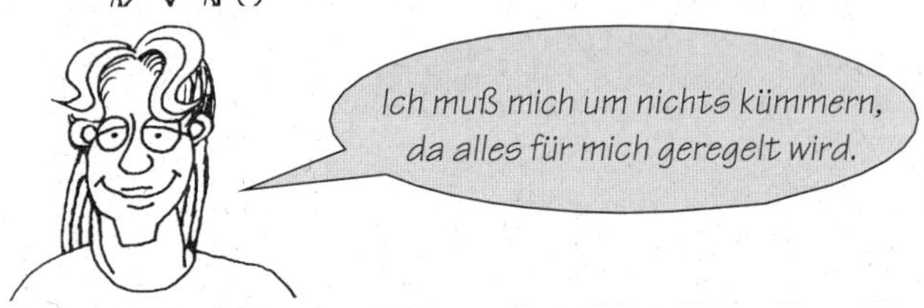

Name: Klasse: Datum:

6.3 Die soziale Marktwirtschaft II

■ Das freiheitliche Prinzip der Marktwirtschaft

1. In der Marktwirtschaft steht Käufern grundsätzlich frei, was und wieviel sie kaufen wollen; Unternehmern steht frei, was sie zu welchem Preis anbieten wollen. Ihr Verhalten hängt aber von bestimmten Bedingungen ab. Ergänzen Sie dazu die folgende Aufgabe.

Wie reagiert der	Käufer/Nachfrager	Produzent/Anbieter
bei steigenden Preisen?	....	....
bei fallenden Preisen	....	....

Wie reagiert der	Produzent/Anbieter
bei zu großer Nachfrage?	....
bei zu großem Angebot?	....

2. Jeder Käufer kann kaufen, was er will, und jeder Unternehmer kann produzieren, was er will. Ordnen Sie die folgenden Aussagen jeweils Nachfrager und Anbieter zu.

Nachfrager

- Ich will Güter kaufen, weil ich sie brauche.
- Ich will Güter verkaufen, weil ich Gewinn machen will.
- Ich stelle Güter nur her, wenn ich dafür einen Preis erziele, der über meinen Kosten liegt.
- Für etwas, das ich brauche, bin ich auch bereit einen angemessenen Preis zu zahlen.
- Ist mir der Preis zu hoch, kaufe ich nicht.
- Ist mir der Preis zu niedrig, biete ich nicht an.

Anbieter

Warum kommt es bei den unterschiedlichen Interessen trotzdem zum Ausgleich von Nachfrage und Angebot?

....

3. Welche Grundvoraussetzung muß gegeben sein, damit Nachfrager das bestehende Angebot in ihrem Sinne beeinflussen können?

....

....

■ Eingriffe in den Markt durch den Staat

4. Um den Wettbewerb zu sichern und damit die Marktwirtschaft funktionsfähig zu erhalten, sind staatliche Eingriffe nötig. Im Gesetz gegen Wettbewerbsbeschränkungen (GWG) werden unter anderem zwei Formen der Wettbewerbsstörung untersagt. Nennen Sie diese beiden Formen.

GWG

⇨ ....

⇨ ....

§§

Name: Klasse: Datum:

6.4 Sozialstaatliche Wirtschaftspolitik I

Ziele des Stabilitätsgesetzes

1. Das Stabilitätsgesetz schreibt der Regierung vier Ziele vor, die sie mit ihrer Wirtschaftspolitik erreichen sollen. Tragen Sie diese vier Ziele in die Übersicht ein.

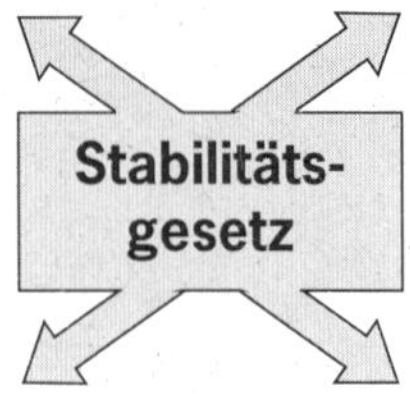

2. Um festzustellen, ob ein Ziel erreicht wurde, braucht man Maßstäbe, z. B. reicht das Ziel „Ich will erfolgreich sein" allein nicht aus. Es muß festgelegt werden, wie die Größe „Erfolg" gemessen werden soll: in cm, Jahren, Einkommen in DM, Zahl der Freunde usw. Gleiches gilt für die Ziele des Stabilitätsgesetzes. Nennen Sie die vier Zielmaßstäbe und geben Sie jeweils eine kurze Erklärung.

Zielmaßstab	Erklärung

Beispiel: Bruttoinlandsprodukt

3. Nicht jede Erhöhung des Bruttoinlandsproduktes ist mit einer Verbesserung der Lebensqualität verbunden. Nennen Sie Beispiele für diese Feststellung.

Name: Klasse: Datum:

6.4 Sozialstaatliche Wirtschaftspolitik II

■ Wirkungskette wirtschaftspolitischer Maßnahmen

1. Der Bundestag hat zur Ankurbelung der Wirtschaft ein Gesetz beschlossen, mit dessen Hilfe die Steuern gesenkt werden. Welche Auswirkungen hat dies auf die Gesamtwirtschaft? Ergänzen Sie die folgende Wirkungskette. Nehmen Sie dazu die Informationen auf S. 233 des Lehrbuchs zu Hilfe.

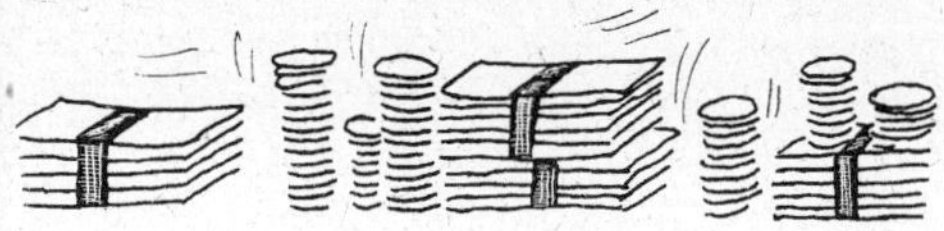

Steuern werden gesenkt

Verfügbares Geld der privaten Haushalte für Konsumzwecke ....

Nachfrage der privaten Haushalte ....

Unternehmen mit freien Produktionskapazitäten produzieren ....

Unternehmen ohne freie Produktionskapazitäten produzieren ....

Es werden mehr Arbeitskräfte gebraucht

.... Auswirkung auf das Ziel des Stabilitätsgesetzes:

....

Das für Konsumzwecke zur Verfügung stehende Geld ....

Nachfrage ....

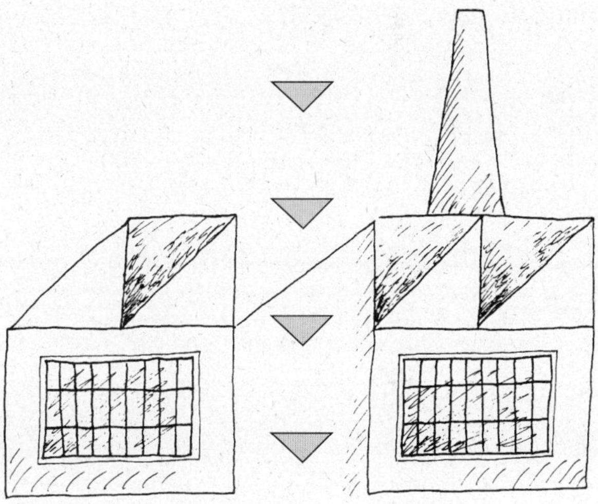

Angebot steigt nicht so schnell wie die Nachfrage

Preise ....

.... Auswirkung auf das Ziel des Stabilitätsgesetzes:

....

2. Begründen Sie aufgrund der Wirkungskette, warum man die vier Ziele des Stabilitätsgesetzes auch „Magisches Viereck“ nennt.

....

....

....

6.4 Sozialstaatliche Wirtschaftspolitik III

Erweiterungen des magischen Vierecks

1. Neben den „klassischen“ vier Aufgaben des Stabilitätsgesetzes werden heute zwei weitere Aufgaben diskutiert, die das ehemalige Viereck zum Sechseck ausbauen. Nennen Sie die beiden zusätzlichen Aufgaben.

⇨ ....

⇨ ....

Sozialstaatliche Umverteilung

2. Was ist der Unterschied zwischen der Primär- und der Sekundärverteilung? Kreuzen Sie die richtige Lösung an.

Die Primärverteilung besteht aus dem Nettoarbeitseinkommen,
die Sekundärverteilung mißt alle sozialstaatlichen Maßnahmen. ☐

Zur Primärverteilung gehören die Bruttoeinkommen,
die Sekundärverteilung besteht aus den Einkommen nach der staatlichen Umverteilung. ☐

3. Nennen Sie Maßnahmen, über die der Staat die Einkommensverteilung beeinflußt.

....

....

4. Egon H., 48 Jahre, ist aufgrund eines Fahrradunfalls querschnittsgelähmt und kann in seinem erlernten Beruf als Maurer nicht mehr arbeiten. Er hat vier Kinder im Alter von 19, 14, 4 und 2 Jahren. Seine Frau Elvira, 41 Jahre, hat keine abgeschlossene Berufsausbildung und war immer Hausfrau. Wie geht das Leben von Egon H. weiter in

einer Marktwirtschaft ohne Sozialpolitik:

....

....

....

....

einer sozialen Marktwirtschaft:

....

....

....

....

Name: Klasse: Datum:

6.5 Konjunktur und Konjunkturbeeinflussung durch Staat und Bundesbank I

■ Konjunkturphasen

1. Nennen Sie die vier Konjunkturphasen und beschreiben Sie, wie sich Nachfrage, Produktion, Löhne und Preise jeweils verändern. Nehmen Sie dafür die Grafik auf S. 236 des Lehrbuchs zu Hilfe.

Konjunkturphase	Nachfrage	Produktion	Löhne und Preise
....	....	....	....
....	....	....	....
....	....	....	....
....	....	....	....
			....

2. Ordnen Sie die folgenden Aussagen den jeweiligen Konjunkturphasen zu.

In vielen Betrieben wird kurzgearbeitet. ....

Die Preise steigen. ....

Man findet leicht einen Arbeitsplatz. ....

Die Nachfrage der privaten Haushalte geht zurück. ....

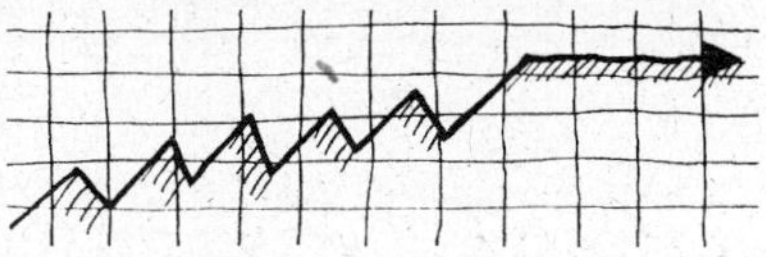

Das Bruttoinlandsprodukt wächst nicht mehr so schnell. ....

Arbeitskräfte werden entlassen. ....

Die Gewerkschaften setzen hohe Lohnforderungen durch. ....

Das für Konsumzwecke zur Verfügung stehende Einkommen steigt. ....

Die Produktionsanlagen sind voll ausgelastet. ....

6.5 Konjunktur und Konjunkturbeeinflussung durch Staat und Bundesbank II

Staatliche Konjunkturbeeinflussung

1. Welche beiden grundsätzlichen Möglichkeiten hat der Staat, Konjunkturschwankungen entgegenzuwirken? Geben Sie jeweils eine kurze Erklärung in einem Satz.

Wirtschaftspolitische Maßnahmen

....	....
....	....
....	....
....	....
....	....

2. Ordnen Sie die folgenden Maßnahmen den Bereichen „Ausgabenpolitik" und „Einnahmenpolitik" zu.

A Der Staat beschließt, den Bau von Kindergärten zu bezuschussen. ....

B Neben Lohn- und Einkommensteuer erhebt der Staat einen Solidaritätszuschlag für ein Jahr. ....

C Für das kommende Jahr wird ein Einstellungsstopp für alle Verwaltungsbehörden erlassen. ....

D Die Steuerfreibeträge werden erhöht. ....

E Die höchste Stufe des Wohngelds wird gestrichen. ....

F Die Gehälter der Angestellten beim Staat werden nicht erhöht. ....

G Für den Bau von Straßen werden zusätzliche Mittel zur Verfügung gestellt. ....

H Das Kindergeld wird auf 200,– DM monatlich für die ersten beiden Kinder beschränkt. ....

3. Welche Maßnahmen der Aufgabe 2 wirken restriktiv, welche expansiv? Geben Sie jeweils eine kurze Begründung. Nehmen Sie dazu die Übersicht auf S. 239 zu Hilfe.

Restriktive Wirkung	Expansive Wirkung
....	....
....	....
....	....
....	....

Name: Klasse: Datum:

6.5 Konjunktur und Konjunkturbeeinflussung durch Staat und Bundesbank III

■ Instrumente der Deutschen Bundesbank

1. Welche beiden Instrumente stehen der Bundesbank zur Beeinflussung von Geldnachfrage und Geldangebot zur Verfügung?

Instrumente der Bundesbank

→ ....

→ ....

■ Wirkungskette: Diskontpolitik

2. Der Zentralbankrat hat beschlossen, den Diskontsatz zu senken. Ergänzen Sie die folgende Wirkungskette mit Hilfe der Informationen auf S. 240 des Lehrbuchs.

Der Diskontsatz wird gesenkt

▼

Geldbeschaffung (Refinanzierung) der Geschäftsbanken bei der Zentralbank wird ....

Habenzinssatz wird gesenkt	Sollzinssatz ....
▼	▼
Sparen ist nicht mehr so interessant, da die Verzinsung niedrig ist	Kredite werden billiger
▼	▼
Es wird mehr Geld ausgegeben	Kreditnachfrage ....
▼	▼
Eigenfinanzierte Nachfrage	Fremdfinanzierte Nachfrage ....

▼

Konsumgüternachfrage der privaten Haushalte ....

▼

Wird mehr nachgefragt, muß in Folge auch .... produziert werden

Bruttoinlandsprodukt	Mehr Produktion sichert Arbeitsplätze und schafft eventuell neue.

6.5 Konjunktur und Konjunkturbeeinflussung durch Staat und Bundesbank IV

■ Wirkungskette: Mindestreservenpolitik

1. Der Zentralbankrat hat beschlossen, den Mindestreservesatz zu erhöhen. Ergänzen Sie die folgende Wirkungskette mit Hilfe der Informationen aus S. 241 des Lehrbuchs.

Mindestreservesatz steigt

↓

Geschäftsbanken haben weniger Geld zur Verfügung (Liquidität sinkt)

↓ ↓

Sollzinssatz steigt	Habenzinssatz steigt
↓	↓
Kreditnachfrage .... da die Zinsen gestiegen sind	Sparen wird .... da die Verzinsung steigt
↓	↓
Werden weniger Kredite nachgefragt, ... die kreditfinanzierte Nachfrage	Wird mehr gespart, ... die eigenfinanzierte Nachfrage

↓ ↓

Konsumgüternachfrage der privaten Haushalte ....

↓

Es wird .... nachgefragt und deshalb .... produziert

↓ ↓ ↓

Bruttoinlandsprodukt	Arbeitsplätze	Preise sind aufgrund sinkender Nachfrage und Produktion ....

■ Die Europäische Währungsunion

2. Was können die Zentralbanken der EU-Mitglieder unternehmen, um die Wechselkurse der Mitgliedstaaten stabil zu halten? Kreuzen Sie die richtige Antwort an.

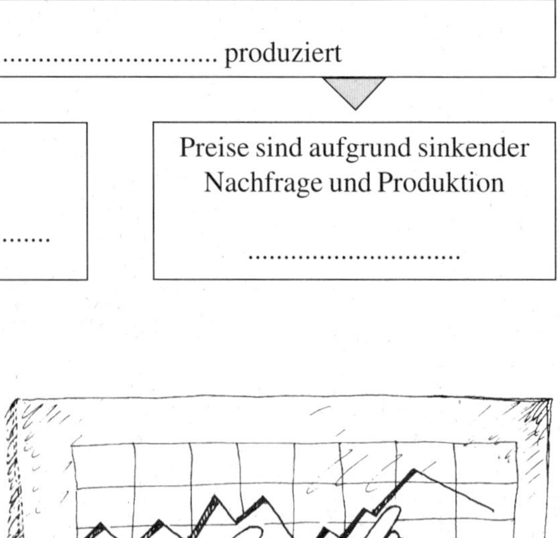

Eine besondere Wechselkurspolitik der Zentralbanken ist nicht notwendig, da die Wechselkurse innerhalb der Europäischen Währungsunion festgelegt sind. ☐

Die Zentralbanken haben keine Macht über die einzelnen Wechselkurse, die halbjährlich je nach aktueller Wirtschaftsstärke vom Rat Wirtschaft und Finanzen der EU neu geregelt werden. ☐

Sie können schwache Währungen durch Stützungskäufe und zu starke Währungen durch Verkäufe stabil halten. ☐

Name: Klasse: Datum:

6.6 Geldwert und Wirtschaftslage I

■ Funktionen des Geldes

1. Geld erfüllt in einer Volkswirtschaft drei Funktionen. Tragen Sie diese in die Übersicht ein und schreiben Sie eine kurze Erklärung.

⇨ ....

....

....

⇨ ....

....

....

⇨ ....

....

■ Die Kaufkraft des Geldes

2. Den Tauschwert von Geld in Güter nennt man Kaufkraft. Geben Sie je ein Beispiel für gesunkene und gestiegene Kaufkraft des Geldes bei bestimmten Produkten.

gesunkene Kaufkraft	gestiegene Kaufkraft
....	....
....	....
....	....
....	....
....	....

3. Ergänzen Sie den folgenden Text.

Das Nominaleinkommen ist das Geldeinkommen eines Haushalts .... Berücksichtigung der .... Dieses Nominaleinkommen beträgt in unserem Beispiel im ersten Jahr 3500,– DM monatlich. Man kann dafür 1750 kg Brot kaufen. Im zweiten Jahr bekommt der Beispielhaushalt immer noch 3500,– DM, der Brotpreis ist aber um 5 % gestiegen. Man kann jetzt .... kg Brot kaufen. Während das .... also gleich geblieben ist, ist das .... gesunken.

Name: Klasse: Datum:

6.6 Geldwert und Wirtschaftslage II

■ Sparen und Investieren

1. In der Randspalte auf S. 244 stellt Dagobert Duck die entscheidende Frage: Warum ist es für die Wirtschaft sinnvoll, daß der Taler wandert und nicht im Geldspeicher gehortet wird? Was können Sie ihm antworten?

....

....

....

2. Herr Huber spart jeden Monat 200,– DM und legt das Geld bei einer Bank an. Warum erhält er dafür Zinsen?

....

....

....

....

■ Außenwert und Wechselkurs

3. Der Wechselkurs kann durch Aufwertung oder durch Abwertung beeinflußt werden. Berechnen Sie die folgenden Beispiele.

Für einen US-Dollar muß man 1,50 DM bezahlen. Nach einer Aufwertung der DM um 10% kostet ein Dollar ⇨ ....

Für 100 Schweizer Franken muß man 120 DM bezahlen. Nach einer Abwertung der DM um 10% kosten 100 Schweizer Franken ⇨ ....

4. Wenn der Dollarkurs fällt, hat dies Auswirkungen auf die Wirtschaft der Bundesrepublik. Nicht jeder freut sich über eine starke D-Mark. Nennen Sie Vor- und Nachteile eines sinkenden Dollarkurses.

Vorteile	Nachteile
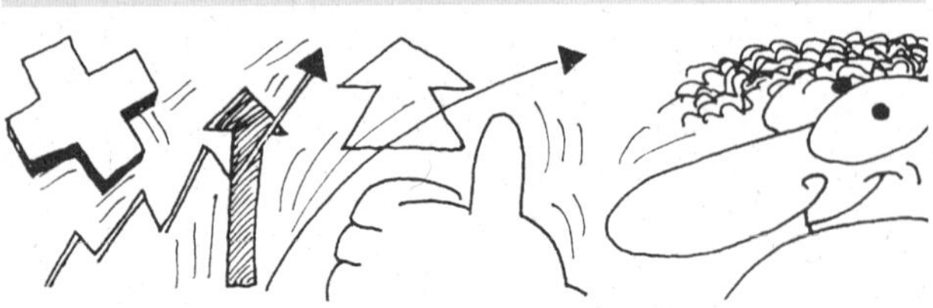	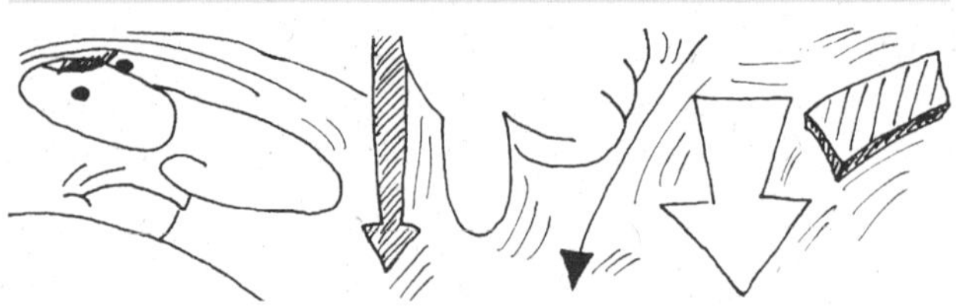
....	....
....	....
....	....
....	....
....	....

6.7 Außenwirtschaftliche Beziehungen I

Der Außenhandel Deutschlands

1. Welche Produkte, mit denen Sie täglich zu tun haben, kommen aus dem Ausland? Nennen Sie einige Beispiele. Unterscheiden Sie zwischen Nahrungs- und Genußmitteln, Kleidung und technischen Geräten. Geben Sie außerdem die Region an, aus denen die Waren kommen: EU-Länder, andere westliche Industriestaaten, Mittel- und Osteuropa oder Länder der Dritten Welt.

Beispiel	Herkunft
Nahrungs- und Genußmittel	
....	....
....	....
Kleidung	
....	....
....	....
Technische Geräte	
....	....
....	....

2. Welche der folgenden Aussagen über den Außenhandel sind richtig, welche sind falsch? Nehmen Sie zur Beantwortung die Grafik und den Text auf S. 247 des Lehrbuchs zu Hilfe.

Die Importquote gibt an, wieviel Prozent der im Inland verbrauchten Güter im Ausland gekauft wurden. ....

Die Exportquote von Deutschland beträgt ungefähr 10%. ....

Die wichtigsten Handelspartner Deutschlands sind die westlichen Industrieländer. ....

Aluminium, Baumwolle und Kupfer müssen fast zu 100% importiert werden. ....

Die Länder der Dritten Welt sind sehr wichtige Handelspartner der Bundesrepublik Deutschland. ....

Das Exportsortiment der Bundesrepublik beinhaltet keine Agrarprodukte. ....

3. Außenhandel ist ein beiderseitiges Geschäft. Ergänzen Sie in der folgenden Zeichnung die Begriffe Güterverkäufe, Zahlungsausgänge, Zahlungseingänge und Güterkäufe.

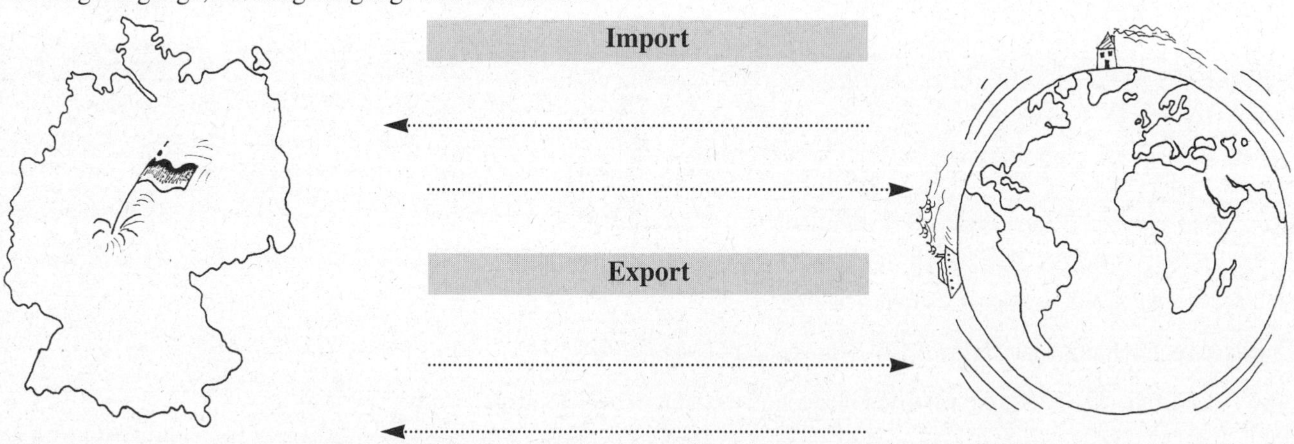

Name: Klasse: Datum:

6.7 Außenwirtschaftliche Beziehungen II

■ Wirtschaftliche Verflechtungen

1. Welche der folgenden Aussagen sind richtig, welche falsch?

Wenn ein Land viel mehr exportiert als importiert, dann …

- wird mehr im Ausland gekauft als an das Ausland verkauft. ....
- stehen im Inland mehr Güter zum Konsum zur Verfügung. ....
- sind die Zahlungseingänge größer als die Zahlungsausgänge. ....
- wird mehr an das Ausland verkauft als im Ausland gekauft. ....
- fließt mehr Geld ins Ausland als vom Ausland zurückfließt. ....

2. Warum ist der Außenhandel für die Bundesrepublik Deutschland von so großer Bedeutung?

■ Internationale Handelspolitik

3. Welche Ziele verfolgen Organisationen wie EFTA und EWR, die auf internationaler Ebene den Welthandel beeinflussen?

4. Welche wirtschaftspolitischen Maßnahmen tragen dazu bei, den freien Welthandel zu hemmen?

Wirtschafts-politische Maßnahmen ⇨ ....
⇨ ....
⇨ ....

5. Was versteht man unter Dumping-Preisen? Kreuzen Sie die richtige Antwort an.

Preise, die staatlich festgelegt und unterstützt werden. ☐

Preise, die Spielräume zur freien Aushandlung offenlassen. ☐

Preise, die unter den Produktionskosten liegen und dazu dienen, Konkurrenten auszuschalten. ☐

Name: Klasse: Datum:

6.8 Erhaltung der natürlichen Lebensgrundlagen I

■ Gefahren für die Umwelt

1. Welchen der folgenden Auffassungen können Sie zustimmen? Geben Sie jeweils eine kurze Begründung.

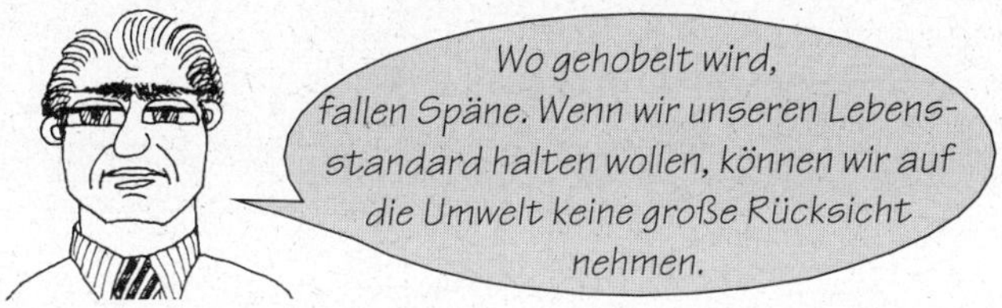

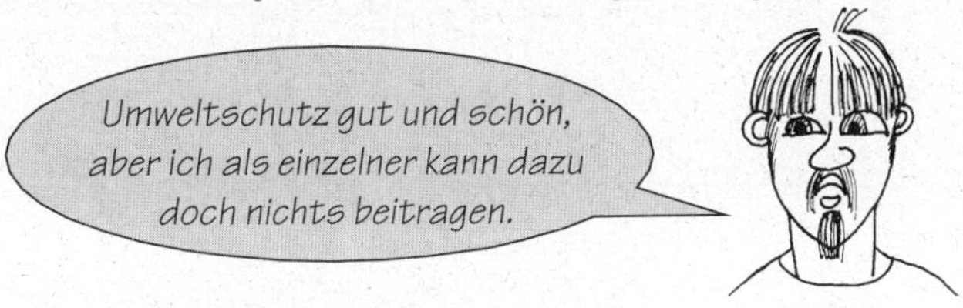

....

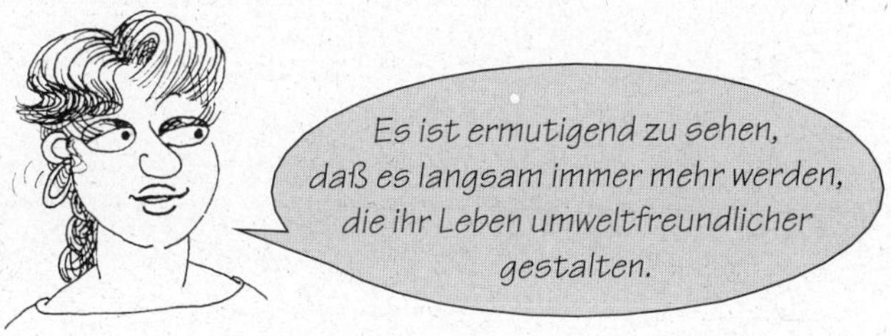

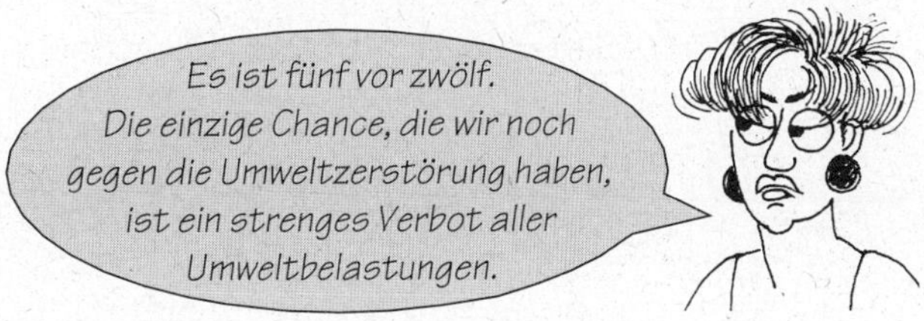

....

2. Nennen Sie die vier Umweltprobleme, die heute am heftigsten diskutiert werden. Geben Sie jeweils in einem Stichwort die Ursache an.

Umweltproblem	Ursache
....	....
....	....
....	....
....	....

■ Verantwortung des einzelnen

3. Wie kann der einzelne durch sein Konsumverhalten für mehr Umweltschutz sorgen? Nennen Sie Beispiele.

....

....

....

4. Überlegen Sie: Würden Sie auch auf Dinge zugunsten des Umweltschutzes verzichten? Diskutieren Sie die folgenden Möglichkeiten. Finden Sie noch andere Beispiele?

Verzicht auf besonders umweltschädigende Verpackungen (z. B. Getränke in Dosen).

Verzicht auf das Auto.

Verzicht auf die Ausübung umweltschädigender Sportarten (z. B. Skifahren).

Verzicht auf Flugreisen.

Name: Klasse: Datum:

6.8 Erhaltung der natürlichen Lebensgrundlagen II

Betrieblicher Umweltschutz

1. Warum floß bis vor kurzem der Umweltschutz nicht in die wirtschaftlichen Bilanzen der Betriebe ein?

....

....

2. Nennen Sie Ansatzpunkte für betriebliche Umweltschutzmaßnahmen. Nehmen Sie dazu die Übersicht auf S. 251 des Lehrbuchs zu Hilfe. Gibt es Beispiele aus Ihrem Ausbildungsbetrieb?

Bereich	Beispiel
....	....
	....
....	....
	....
....	....
	....
....	....
....	....
....	....

3. Welche Gründe haben Betriebe heute, umweltbewußter zu produzieren? Nennen Sie vier Stichworte.

....

....

....

....

Staat und Umweltschutz

4. Welche der folgenden Aufgaben nimmt das Umweltbundesamt wahr? Kreuzen Sie die richtigen Antworten an und nehmen Sie dazu die Informationen auf S. 252 des Lehrbuchs zu Hilfe.

Überwachung der Einhaltung von Umweltgesetzen	☐
Aufklärung der Öffentlichkeit in Umweltfragen	☐
Hilfe zur Koordinierung der Umweltforschung	☐
Umweltverträglichkeitsprüfungen bei Produktneuentwicklungen in Privatbetrieben	☐
Ausarbeitung von Berichten und Empfehlungen an die Bundesregierung in Umweltfragen	☐

Name: Klasse: Datum:

6.9 Betriebsziele und ethische Verantwortung

■ Menschengerechte Arbeitsbedingungen

1. Unter „menschengerechten Arbeitsbedingungen“ versteht jeder etwas anderes. Nennen Sie die fünf für Sie wichtigsten Punkte und vergleichen Sie sie in Ihrer Klasse.

....

....

....

2. Zwar kosten Maßnahmen zur Verbesserung der Arbeitsbedingungen die Unternehmen Geld, sie können jedoch von zufriedenen Arbeitnehmern profitieren. Nennen Sie Argumente, die einen Unternehmer von der Verbesserung der Arbeitsbedingungen überzeugen könnten.

....

....

....

....

■ Grundsätze des Wettbewerbs

3. Beurteilen Sie bei den folgenden Anzeigen, ob sie gegen die guten Sitten verstoßen oder nicht. Geben Sie jeweils eine kurze Erklärung. Verwenden Sie dazu auch die Informationen in der Randspalte im Lehrbuch auf S. 255 und 256.

HATSUMISHI 1800 GTi
4trg., Frontantrieb, Euro-Norm-Mot.
EZ 12/94, 1,4 Ltr., 73 PS, Radio, *ab DM 16.990,–*

....

....

* **FONDA** löst den 94er Wagenbestand auf! * **FONDA**-Neuwagen zu **SUPERPREISEN** (ab 19.999,– DM) *

....

EINBRUCH · WARNUNG!
Einbrecher kommen auch in Ihre Wohnung oder Firma.
Innerhalb weniger Minuten ist sogar Ihr Schloß geknackt.
Wir waren heute an Ihrer Eingangstür und haben festgestellt:
IHR EINGANGSSCHLOSS IST GEGEN DAS NEUE SPEZIALWERKZEUG NICHT SICHER!
Morgen kommen wir zu Ihnen und zeigen, wie Sie sich gegen die neuen Einbrecher-Technik wehren können.
Ihr Sicherheitsberater · Sicherheits- und Elektrotechnik

....

Name: Klasse: Datum:

7.1 Die Außenpolitik Deutschlands I

Die Bedeutung von Außenpolitik

1. Erläutern Sie den Begriff Außenpolitik in einem Satz.

....

....

2. Kreuzen Sie die Beispiele an, die nach Ihrer Erläuterung aus Aufgabe 1 der Außenpolitik zuzurechnen sind.

Der Vorstandsvorsitzende einer großen deutschen Haushaltselektronikfirma vereinbart mit dem Leiter einer russischen Firma eine Zusammenarbeit bei der Fertigung von Bauteilen. ☐

Der deutsche Bundeskanzler verbringt seinen Urlaub in St. Gilgen und stattet bei dieser Gelegenheit dem örtlichen Alpenverein einen Besuch ab. ☐

Der deutsche Bundeskanzler sagt seinem ungarischen Kollegen vertraglich zu, ihn bei seiner Bewerbung um die Aufnahme Ungarns in die EU zu unterstützen. ☐

Deutschland schließt einen Vertrag mit Polen über die Rückführung von Asylbewerbern, die aus Polen in die Bundesrepublik gekommen sind. ☐

Der Chefredakteur einer großen deutschen Tageszeitung schreibt einen Artikel, in dem er fordert, daß nur noch Staaten Entwicklungshilfe erhalten, die auch die Menschenrechte ihrer Einwohner achten. ☐

Felder der Außenpolitik

3. Verhandlungen und Verträge zwischen Staaten können sich auf viele Bereiche der Politik beziehen. Insgesamt sind neun Felder der Außenpolitik zu unterscheiden. Nennen Sie diese mit Hilfe der Informationen auf S. 261 des Lehrbuchs.

Felder der Außenpolitik

....

....

....

....

....

Name: Klasse: Datum:

7.1 Die Außenpolitik Deutschlands II

■ Zwischenstaatliche Verträge

1. Wie kommt ein Vertrag zwischen zwei Staaten zustande? Bringen Sie die Stationen seiner Entstehung in die richtige Reihenfolge und tragen Sie die Nummern in die Übersicht ein. Nehmen Sie die Informationen in der Randspalte des Lehrbuchs auf S. 262 zu Hilfe.

1 Vorbereitung durch Experten der beteiligten Länder (Mitarbeiter der Ministerien)

2 Beratung des Vertrags im Parlament

3 Überprüfung des Entwurfs durch die Regierungen

4 Abstimmung über den Vertrag im Parlament

5 Unterzeichnung des Vertrags durch die Regierungschefs (Paraphierung)

6 Zustimmung des Parlaments zum Vertrag mit entsprechender Mehrheit (Ratifizierung)

7 Inkrafttreten des Vertrags

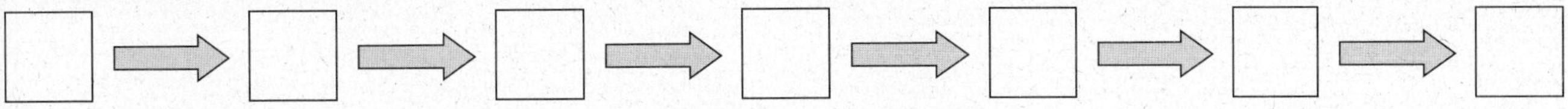

■ Die Außenpolitik der Bundesrepublik Deutschland

2. Nennen Sie überstaatliche Organisationen, in denen die Bundesrepublik Deutschland Mitglied ist. Geben Sie das Jahr des Beitritts an.

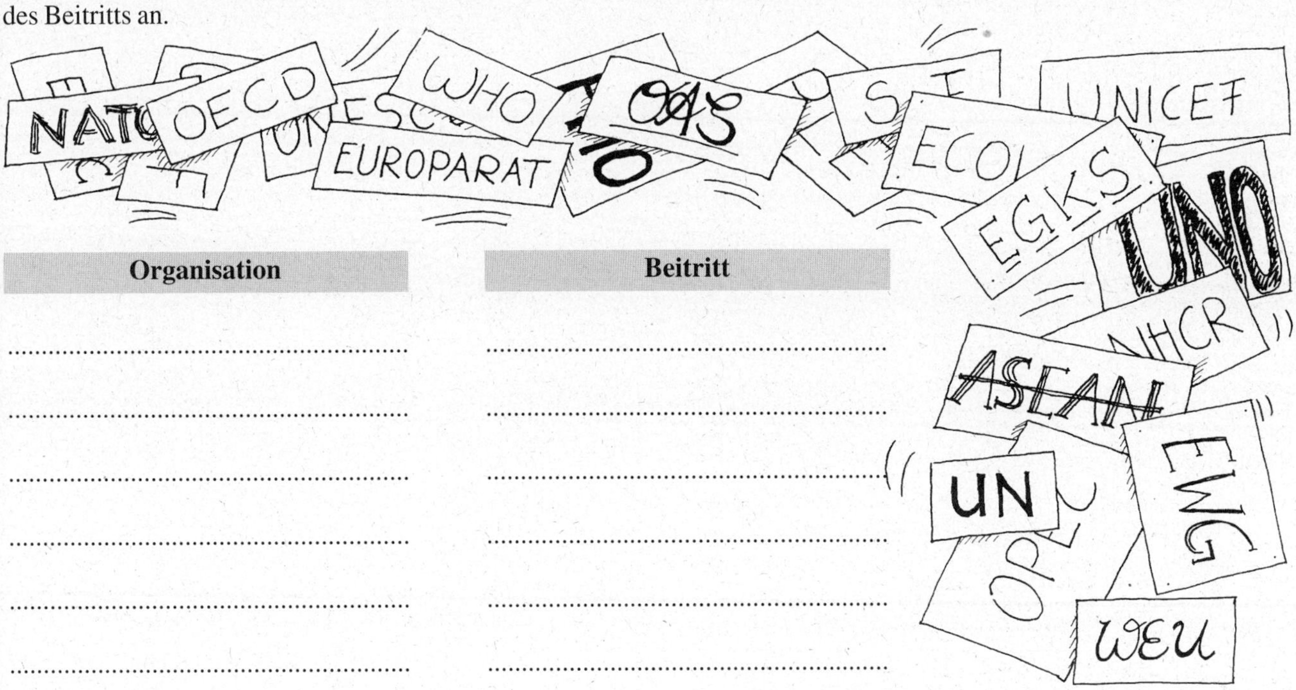

Organisation	Beitritt
....	....
....	....
....	....
....	....
....	....
....	....
....	....

3. Welche drei wesentlichen Gesichtspunkte bestimmen die Außenpolitik der Bundesrepublik Deutschland in den 90er Jahren? Nehmen Sie dazu auch die Darstellung auf S. 262 des Lehrbuchs zu Hilfe.

....

....

....

Name: Klasse: Datum:

7.1 Die Außenpolitik Deutschlands III

Aktuelle Krisenherde der Weltpolitik

1. Konflikte zwischen zwei Staaten haben immer mehr als einen Grund. Unterscheiden Sie die Gründe für die im Lehrbuch beschriebenen Fälle nach dem folgenden Schema.

	Ehemaliges Jugoslawien	Naher Osten
Geschichtliche Gründe	....	....
	....	....
	....	....
Wirtschaftliche Gründe	....	....
	....	....
	....	....
Psychologische Gründe	....	....
	....	....
	....	....
Militärische Gründe	....	....
	....	....
	....	....

2. Nennen Sie geschichtliche Gründe, die Aktivitäten der Bundesrepublik im ehemaligen Jugoslawien und im Nahen Osten erschweren.

Ehemaliges Jugoslawien	Naher Osten
....	....
....	....
....	....
....	....
....	....
....	....

3. Warum ist es heute für einen einzelnen Staat nicht mehr sinnvoll, Außenpolitik ohne Absprache mit anderen Staaten zu betreiben?

....

....

....

Name: Klasse: Datum:

7.2 Die Dritte Welt und ihre Beziehungen zur Bundesrepublik Deutschland I

■ Merkmale von Ländern der Dritten Welt

1. Unsere rasende Reporterin Susi Sondermann spielte uns den folgenden Bericht zu:

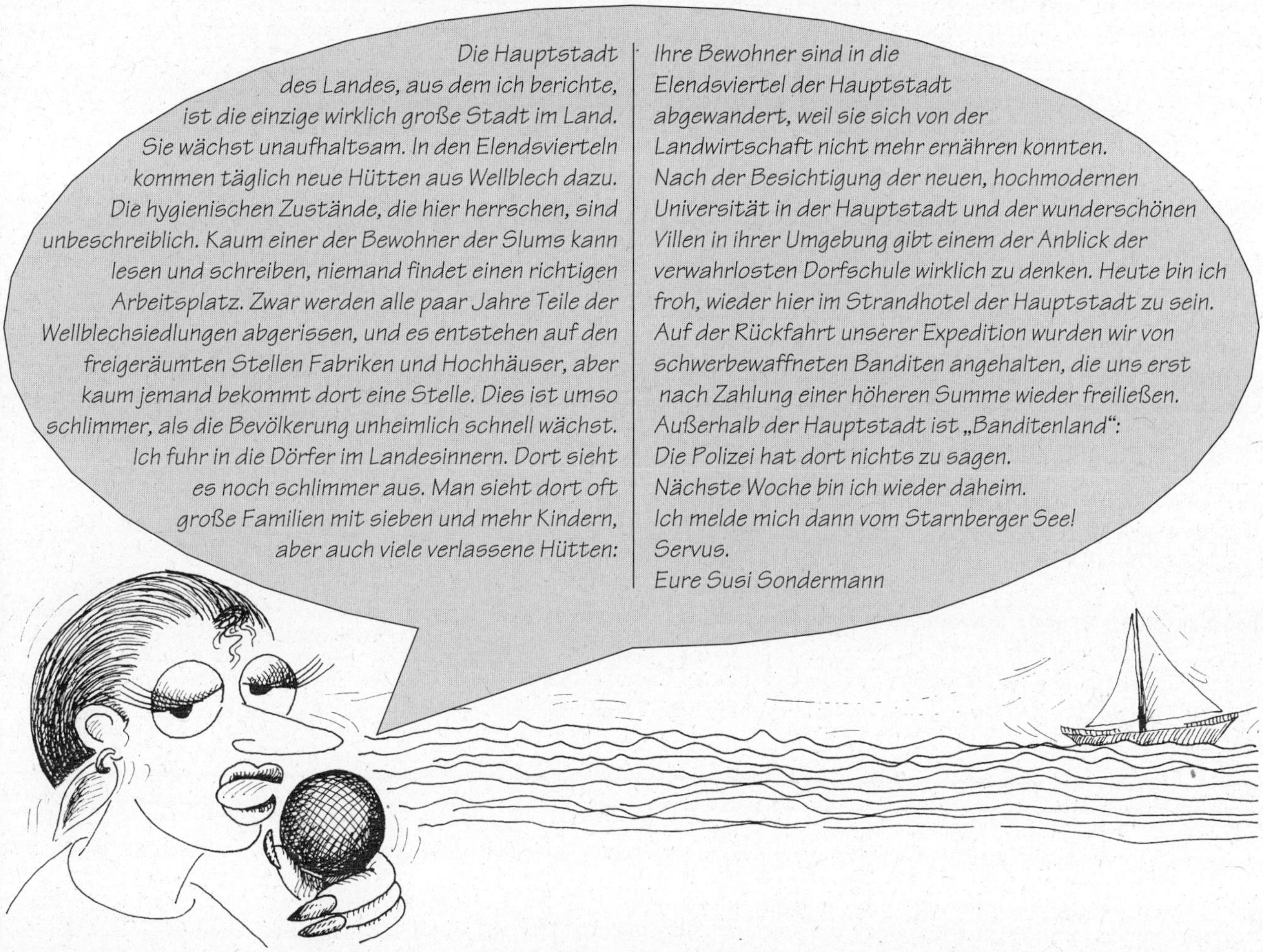

Sie haben sicher erkannt, daß es sich um ein Land der Dritten Welt handelt, aus dem Susi Sondermann berichtet. Welche Merkmale eines solchen Landes haben Sie in ihrem Bericht gefunden? Nennen Sie fünf Merkmale.

....

....

....

....

....

....

2. Es gibt große Unterschiede zwischen den Ländern, die der Dritten Welt zugerechnet werden. Wie heißen Länder, die sich in ihren – vor allem wirtschaftlichen – Standards stark in Richtung Industriestaaten entwickeln? Geben Sie den allgemeinen Begriff an und nennen Sie drei Beispiele.

Allgemeiner Begriff: ....

Beispiele: ....

Name: Klasse: Datum:

7.2 Die Dritte Welt und ihre Beziehungen zur Bundesrepublik Deutschland II

■ Ursachen der Unterversorgung in der Dritten Welt

1. In der Mitte dieses Jahrhunderts waren die meisten Länder der Dritten Welt noch in der Lage, sich aus der eigenen Landwirtschaft zu ernähren. Welche Gründe gibt es dafür, daß dies heute oft nicht mehr der Fall ist? Kreuzen Sie die richtigen Antworten an. Nehmen Sie zur Beantwortung der Frage die Informationen auf S. 269/270 des Lehrbuchs zu Hilfe.

Durch den Weggang der europäischen Kolonialherren hat es einen starken Verfall der Arbeitsdisziplin gegeben, der sich in einem Produktionsrückgang niederschlug. ☐

Viele Länder konzentrierten sich auf den Anbau weniger Produkte für den Export und haben deshalb keine Flächen zum Anbau von Nahrungsmitteln für die eigene Bevölkerung. ☐

Der größte Teil der Bevölkerung in Dritte-Welt-Ländern ernährt sich vom Jagen und Sammeln; das landwirtschaftliche know-how kam von den weißen Farmern, die nach dem Ende der Kolonialherrschaft vertrieben wurden. ☐

Nahrungsmittelhilfe aus den Industrieländern zerstörte die eigene landwirtschaftliche Produktion durch ein Überangebot an Landwirtschaftsprodukten. ☐

Bürgerkriege und Dürrekatastrophen trugen mit dazu bei, daß der landwirtschaftliche Anbau zurückging. ☐

In vielen Ländern der Dritten Welt wird die Landwirtschaft von der Regierung nicht gefördert; zum Teil müssen die Bauern ihre Produkte zu Zwangspreisen verkaufen. ☐

■ Probleme der Entwicklungshilfe

2. In der Randspalte auf S. 272 des Lehrbuchs finden Sie ein Beispiel zur Entwicklungshilfe: Ein Bewohner eines Landes der Dritten Welt erhält eine Angel, und er lernt fischen. Ist ein solches Rezept generell geeignet, die Probleme der Dritten Welt zu lösen? Begründen Sie Ihre Antwort.

....

....

....

3. Eine Indio-Familie im südamerikanischen Andenhochland erhält als Spende einer deutschen Gemeinde fünf Allgäuer Hochleistungskühe. Ist damit der Familie geholfen?

....

....

....

4. Wenn Entwicklungshilfe so schwierig ist, sollte man sie dann einstellen? Nennen Sie Gründe dafür, daß sich die reichen Industrieländer weiter und noch stärker für bessere Lebensbedingungen in Dritte-Welt-Ländern einsetzen.

....

....

....

....

....

Name: Klasse: Datum:

7.2 Die Dritte Welt und ihre Beziehungen zur Bundesrepublik Deutschland III

■ Entwicklungshilfe in der Diskussion

1. Stefanie und Peter diskutieren – nachdem sie das Dritte-Welt-Kapitel durchgelesen haben – über ihre Eindrücke. Beurteilen Sie, welche der Positionen dem heutigen Stand der Erkenntnisse über Entwicklungshilfe entsprechen.

Name: Klasse: Datum:

7.3 Frieden, Sicherheit, Menschenrechte I

■ Die Bundesrepublik im westlichen Militärbündnis

1. Ergänzen Sie in der folgenden Übersicht jeweils die Jahreszahl.

Entmilitarisierung Deutschlands	....
Gründung der NATO	....
Beitritt der Bundesrepublik Deutschland zur NATO	....
Gründung des Warschauer Pakts	....
Erste KSZE-Konferenz	....
Auflösung des Warschauer Pakts	....

2. Erläutern Sie den Begriff „kollektives Sicherheitssystem" in einem Satz. Nehmen Sie dazu die Informationen auf S. 275 des Lehrbuchs zu Hilfe.

....

....

....

■ Neue Aufgaben der Bundeswehr

3. Mit welchen neuen Problemen sieht sich die Bundeswehr nach dem Zusammenbruch des Warschauer Pakts konfrontiert?

....

....

....

....

4. Wie können sich Bundeswehr und NATO an diese neuen Aufgaben anpassen?

....

....

....

Name: Klasse: Datum:

7.3 Frieden, Sicherheit, Menschenrechte II

■ Menschenrechte und ihre Durchsetzung

1. Finden Sie jeweils Beispiele für Menschenrechte, Staatsbürgerrechte und soziale Grundrechte und tragen Sie sie in die Übersicht ein.

Menschenrechte	Staatsbürgerrechte	Soziale Grundrechte
....	....	....
....	....	....
....	....	....
....	....	....

2. Kreuzen Sie bei den folgenden Aussagen zur Geschichte und Durchsetzung der Menschenrechte die jeweils richtigen Aussagen an. Nehmen Sie dazu die Informationen auf S. 277/278 des Lehrbuchs zu Hilfe.

In der amerikanischen Unabhängigkeitserklärung 1776 wurden erstmals die grundlegenden Menschenrechte zusammengefaßt. ☐

Die Menschenrechte wurden bereits im 19. Jahrhundert allen Menschen in gleicher Weise zuerkannt. ☐

Mit der Allgemeinen Erklärung der Menschenrechte der Vereinten Nationen wurden Folter und Todesstrafe in allen Ländern der Erde abgeschafft. ☐

Die Menschenrechte sind als Grundfreiheiten in den Artikeln 2 bis 19 des Grundgesetzes enthalten. ☐

Seit dem 19. Jahrhundert gibt es die Forderung nach sozialen Grundrechten. ☐

Soziale Grundrechte sind heute in den meisten Verfassungen festgelegt. ☐

Es setzt sich heute immer mehr die Meinung durch, daß ein Staat, der die Menschenrechte verletzt, sich Einmischungen durch außen – z. B. durch die UNO – gefallen lassen muß. ☐

Heute brechen die Industriestaaten die wirtschaftlichen Beziehungen zu den Ländern ab, in denen Menschenrechte verletzt werden. ☐

3. Wie können Sie sich über Menschenrechtsverletzungen informieren?

....

....

Name: Klasse: Datum:

7.3 Frieden, Sicherheit, Menschenrechte III

Aufgaben der UNO

1. Welches sind die beiden Hauptaufgaben der UNO? Nehmen Sie zur Beantwortung den Text auf S. 278 zu Hilfe.

UNO ⇨ ....

....

⇨ ....

2. Was verbirgt sich hinter den folgenden Abkürzungen?

UNICEF	....
FAO	....
UNHCR	....
UNESCO	....
WHO	....

3. Nennen Sie einige Länder, in denen UNO-Blauhelme in den letzten Jahren eingesetzt wurden.

....

....

4. Nennen Sie die Hauptprobleme, die einen Einsatz von UNO-Truppen vor und nach 1989/90 behinderten bzw. erschweren.

Vor 1989/90: ....

Heute: ....

....

....

Name: Klasse: Datum:

7.4 Flucht- und Wanderungsbewegungen I

■ Fluchtursachen

1. Nennen Sie mit Hilfe der Informationen des Lehrbuchs auf S. 281/282 die fünf häufigsten Ursachen dafür, daß Menschen ihre Heimat verlassen müssen.

Fluchtgründe

2. Das Foto auf S. 281 des Lehrbuchs zeigt eine Menschengruppe auf der Flucht. Was war in diesem Jahrhundert die Ursache für die Flucht und Vertreibung von etwa 20 Millionen Menschen in Europa?

....

■ Flüchtlingsprobleme weltweit

3. Schauen Sie sich die Karte auf S. 282 des Lehrbuchs an: Welches sind die drei Länder, die die meisten Flüchtlinge aufnahmen? Geben Sie auch den Zeitpunkt der Zählung an.

Im Jahr .... nahmen die meisten Flüchtlinge auf:

....

4. Was besagt das „Non-Refoulement-Gebot"? Kreuzen Sie die richtige Lösung an. Nehmen Sie dazu die Informationen der Randspalte auf S. 281 des Lehrbuchs zu Hilfe.

Die Verpflichtung eines Landes, in Notsituationen ein bestimmtes Kontingent an Flüchtlingen aufzunehmen. ☐

Das Gebot, sich in die inneren Angelegenheiten eines souveränen Staates nicht einzumischen. ☐

Ein Gesetz, das grobe Regelverstöße bei internationalen Sportwettkämpfen durch Landesverweis ahndet. ☐

Das Verbot, einen Flüchtling in ein Land zurückzuweisen, in dem sein Leben oder seine Freiheit bedroht sind. ☐

Name: Klasse: Datum:

7.4 Flucht- und Wanderungsbewegungen II

Deutschland: ein Auswanderungsland?

1. In welchem Zeitraum war Deutschland ein Auswanderungsland? Nehmen Sie dazu die Grafik auf S. 284 im Lehrbuch zu Hilfe.

⇨ .... ⇦

2. Was waren die Gründe für Deutsche auszuwandern?

....

....

....

Deutschland: ein Einwanderungsland?

3. Was versteht man unter Integration? Kreuzen Sie die richtige Lösung an.

Trennung von Gruppen einer bestimmten Herkunft ☐

Eingliederung in einen Staat, eine Gesellschaft ☐

Erlangung der deutschen Staatsbürgerschaft ☐

Pflege einer anderen Sprache oder Kultur ☐

4. Nennen Sie Beispiele für Ausländer, die bereits in früheren Jahrhunderten nach Deutschland eingewandert sind.

....

....

5. Welche drei Länder stellen heute die meisten ausländischen Arbeitnehmer in der Bundesrepublik? Nehmen Sie zur Beantwortung der Frage die Grafik der Randspalte auf S. 283 zu Hilfe.

....

....

....

Name: Klasse: Datum:

7.4 Flucht- und Wanderungsbewegungen III

Deutsche Staatsbürgerschaft

1. Wie kann die deutsche Staatsbürgerschaft erlangt werden?

.... ⇐ **Staatsbürgerschaft** ⇒ ....

2. Ist die Tochter einer deutschen Mutter und eines mit ihr verheirateten iranischen Vaters, wenn sie in Deutschland aufwächst, automatisch deutsche Staatsbürgerin?

....

Bürger der EU

3. Welche Vorteile haben Ausländer aus Staaten der Europäischen Union gegenüber anderen Zuwanderern?

....

....

....

Einwanderungsland – Pro und Kontra

4. Die Bundesrepublik ist seit den 60er Jahren verstärkt zu einem Land geworden, das Einwanderer aus den verschiedensten Gründen anzieht. Soll die Einwanderung durch Gesetze geregelt und jedes Jahr für bestimmte Länder und Regionen eine festgelegte Anzahl von Einwanderern (Kontingente) zugelassen werden? Finden Sie zu den folgenden Stichworten Argumente und Gegenargumente.

Pro

Arbeitsplätze ....

....

....

Renten ....

....

Eingliederung ....

....

Kontra

Arbeitsplätze ....

....

....

....

Renten ....

....

Eingliederung ....

....

Name: Klasse: Datum:

Abschlußquiz

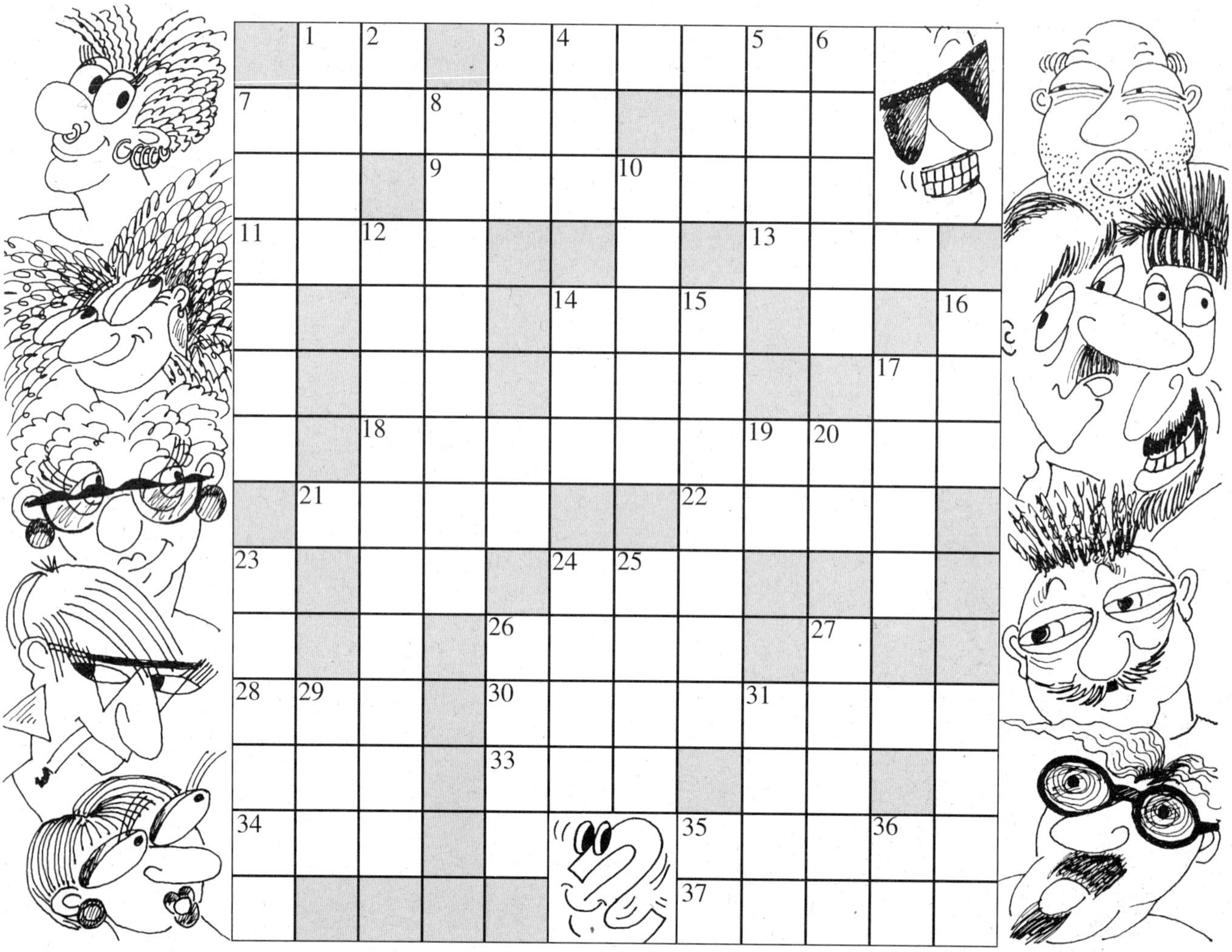

■ Waagerecht

3 Ort für Wertpapierhandel
7 Preise sollten … sein
9 Zinssatz für die Verpfändung von Wertpapieren
11 Schwedische Popgruppe
13 Schlangenartiger Fisch
14 Abkürzung für Bundesnachrichtendienst
18 Wirtschaftliches Tief, Flaute
21 Zahlungsmittel
22 Lichtspielhaus
24 Weltorganisation
26 Heizgerät
28 Urmutter
30 Von der Bundesbank festgelegter Zins
33 Deutsche Fernsehanstalt
34 Englisch: Tinte
35 Einheimisches Obst
37 Munition eines Bogens

■ Senkrecht

1 Stock
2 Hier, dort
3 Griechische Vorsilbe für „Leben“
4 Lurch
5 Weiblicher Vorname
6 Veraltet für „Schwiegersohn“
7 Auf die hohe Kante legen
8 Name für UN-Soldat
10 Verbandsmaterial
12 Währungshüter
14 Nachtlokal
15 Zinssatz beim Verkauf von Handelswechseln
16 Bayerischer Fluß
17 Hochkonjunktur
19 Italienisch: ja
20 Verhältniswort
23 Darlehen, Anleihe
24 Gewässerrand
25 Mißgunst
26 Männlicher Vorname
27 Unterstützung
29 Niederländischer Namensbestandteil
31 Aufforderung, ein Bierfaß anzustechen
32 Minus auf dem Konto
36 Keimzelle

gedruckt auf Recyclingpapier, hergestellt aus 100% Altpapier